Présentation

Vous désirez organiser un dîner ou un
déjeuner à la «sicilienne»?
Voici 18 recettes, il vous suffira d'y ajouter
de nombreux amis et de la bonne humeur.
Ces recettes sont faciles et rapides.
Ce sont des plats sains, simples et savoureux,
typiquement méditerranéens.
Les recettes sont illustrées par
des photos de l'auteur.
Cette publication s'adresse au touriste,
qui veut conserver un souvenir
de son voyage, en Sicile,
mais également au sicilien qui désire
redécouvrir les saveurs antiques de son île.

Kichererbsenfladen
Gallettes de farine de pois chiches

Das Kichererbsenmehl in einem Liter warmen Salzwassers langsam vermischen, dabei Acht geben, daß sich keine Klumpen bilden. Den Teig mit Petersilie und Pfeffer in einem Topf erhitzen, dabei gut verrühren, bis der Teig nicht fest ist. Mit einem Holzlöffel eine dünne Schicht auf eine Holzfläche oder auf einen Teller ausbreiten. Wenn der Teig kalt ist, kleine Dreiecke schneiden. Die Kichererbsenfladen in reichlich heißem Öl fritieren.

Délayez la farine de pois chiches dans un litre d'eau tiède salée et mélangez délicatement pour éviter la formation de grumeaux. Mettez la casserole sur le feu, ajoutez le persil et le poivre, travaillez bien jusqu'à ce que le mélange devienne homogène. Étalez, en une couche très mince, une petite partie de la préparation, sur une planche à découper ou sur une assiette, à l'aide d'une cuillère en bois. Dès que la préparation aura refroidie, démoulez-la et coupez-la en petits triangles. Faites dorer les galettes dans le bain de friture.

- ❏ 1 lt Wasser
- ❏ 350 g Kichererbsenmehl
- ❏ fein gehackte Petersilie
- ❏ Samenöl
- ❏ Salz und Pfeffer

- ❏ 1 l d'eau
- ❏ 350 g de farine de pois chiches
- ❏ 1 petit bouquet de persil finement haché
- ❏ huile végétale pour la friture
- ❏ sel, poivre

Anmerkungen - Notes

Caponata
"Caponata" d'aubergines

Auberginen grob würfeln, mit Salz bestäuben und in einem Sieb ruhen lassen, bis der bittere Saft abgeflossen ist. In einem Topf den grob gewürfelten Sellerie mit Oliven und entsalzten Kapern 10 Minuten kochen lassen. Abtropfen und Kochwasser aufheben, um die Soße zu verdünnen. Die Auberginen fritieren und aufbewahren. Die Zwiebel 2 Minuten in Öl bräunen lassen und das Hackgemüse hinzufügen. Ca 5 Minuten garen. Essig aufgießen und verdunsten lassen. Zucker und Tomatenmark und das Kochwasser hinzugeben und gut vermengen. Mit Salz abschmecken und weitere 10 Minuten kochen lassen. Danach die gewürfelten Auberginen hinzufügen. Kalt servieren.

- 4 mittelgroße Auberginen
- 1 weiße Zwiebel in Würfeln
- 2 Selleriestangen
- 70 g Oliven ohne Stein
- 40 g Kapern aus Pantelleria
- 1 dl Weißweinessig
- 1 Suppenlöffel Zucker
- 1 Suppenlöffel Tomatenmark
- Salz
- Olivenöl

Coupez les aubergines en petits dés, saupoudrez-les de sel et laissez-les reposer dans une passoire afin qu'elles perdent leur amertume. Dans un faitout, faites bouillir environ 10 minutes le céleri coupé en petits morceaux, les olives vertes et les câpres déssalés. Après la cuisson, égouttez le tout et réservez-le. Conservez l'eau de cuisson que vous utiliserez pour rectifier la densité de la préparation. Faites frire les aubergines et réservez-les. Faites revenir l'oignon dans l'huile environ 2 minutes, puis ajoutez la fondue de légumes précédemment préparée. Faites cuire encore 5 minutes. Arrosez de vinaigre et faites-le évaporer. Ajoutez le sucre et le concentré de tomates. Mélangez bien en ajoutant l'eau de cuisson des légumes. Salez et laissez cuire encore 10 minutes environ, puis incorporez les dés d'aubergines. La «caponata» est un plat à déguster froid.

- 4 aubergines moyennes
- 1 oignon blanc coupé en petits dés
- 2 branches de céleri
- 70 g d'olives vertes dénoyautées
- 40 g de câpres de Pantelleria
- 1 dl de vinaigre de vin blanc
- 1 cuillerée à soupe de sucre
- 1 cuillerée à soupe de concentré de tomates
- sel
- huile d'olive

Anmerkungen - Notes

Knusprige Käseschnitte mit Caciocavallo (Reiterkäse)
Caciocavallo frit à l'origan et au vinaigre

Olivenöl in einer Pfanne erhitzen. Knoblauch hinzufügen und andünsten lassen. Die in Mehl gewendeten Käseschnitte drin drin auf beiden Seiten knusprig ausbacken. Mit einem Schuß Essig abschrecken. Dabei Acht geben, daß die Pfanne kurz vom Herd genommen wird. Mit Origano würzen und servieren.

Faites bien chauffer l'huile dans une poêle, ajoutez l'ail et faites-le dorer légèrement.
Farinez le fromage et faites-le rissoler, dans la poêle, à feu moyen, de chaque côté jusqu'à ce que vous obteniez une croûte mince. Arrosez de vinaigre en tenant la poêle loin du feu.
Saupoudrez d'origan et servez.

- ❏ 500 g halbreifer Caciocavallo Käse (Reiterkäse)
- ❏ 1/2 dl Olivenöl
- ❏ 2 Knoblauchzehen
- ❏ 1 Spritzer Essig
- ❏ Handvoll Origano
- ❏ Weizenmehl

- ❏ 500 g de caciocavallo demi-fait
- ❏ 1/2 dl d'huile d'olive
- ❏ 2 gousses d'ail
- ❏ un petit filet de vinaigre
- ❏ origan
- ❏ farine blanche

Anmerkungen – Notes

Nudeln mit Sardinen (und wildem Fenchel)
Pâtes aux sardines (avec du fenouil sauvage)

Die Zwiebel in einer Pfanne mit Öl goldbraun andünsten, die Sardellenfilets darin weich schmoren, bis sie sich auflösen. Rosinen und Pinienkerne hinzufügen und 1 Minute bräunen. Gleichzeitig den Fenchel in reichlich Salzwasser kochen, abtropfen und mit einer Messerspitze fein zerdrücken. Kochwasser aufheben. Die Fenchel mit der zuvor angerichteten Soße vermischen, etwas Kochwasser hinzufügen und etwa 5 Minuten kochen lassen. Abschließend die frischen Sardinen hinzufügen, salzen und Pfeffern und zusätzliche 5 Minuten kochen lassen. Mit Safran würzen. Die Maccheroncelli im restlichen Fenchel-Kochwasser weich kochen. Wenn fertig, abtropfen und mit der Soße vermischen. Das Gericht mit einer geöffneten Sardelle garnieren. Lauwarm servieren.

Dans une sauteuse, faites rissoler l'oignon dans l'huile, ajoutez les filets de sardines et faites-les fondre, mettez les raisins secs et les pignons et faites rissoler environ une minute. Faites cuire, à part, le fenouil sauvage dans une grande quantité d'eau salée, égouttez-le et hachez-le finement avec la pointe d'un couteau. Réservez l'eau de cuisson. Ajoutez le fenouil sauvage à la préparation précédente, recouvrez avec l'eau de cuisson du fenouil et laissez cuire 5 minutes. Ajoutez les sardines fraîches, salez, poivrez et laissez cuire encore 5 minutes. Reportez à ébullition l'eau de cuisson du fenouil sauvage et faites-y cuire les maccheroncelli avec le safran. Une fois les pâtes cuites, égouttez-les bien et mélangez-les avec l'assaisonnement. Garnissez le plat d'une sardine ouverte. Servez tiède.

- 400 g Maccheroncelli
- Eine kleine fein gehackte Zwiebel
- 50 g Olivenöl
- 4 gesalzene Anchovifilets
- 50 g Rosinen und Pinienkerne
- 1 Bündel wilder Fenchel
- 400 g frische Sardinen (ohne Gräten)
- Salz und Pfeffer
- eine Beutel Safran

- 400 g de pâtes, type "maccheroncelli"
- 1 petit oignon blanc émincé fin
- 50 g d'huile d'olive
- 4 filets de sardines salées
- 50 g de raisins secs et de pignons
- 1 bouquet de fenouil sauvage frais
- 400 g de sardines fraîches désossées
- sel, poivre
- 1 sachet de safran

Nudeln mit Krebsen
Pâtes aux grosses crevettes roses

Die Krebse schälen, ohne dabei den Kopf zu entfernen und in einer Pfanne zusammen mit dem Knoblauch andünsten. Mit Weißwein abschrecken und die reifen geschälten Tomaten hinzufügen, mit Salz abschmecken und mit einem Suppenlöffel Wasser verdünnen. Bei milder Hitze ca. 5 Minuten lang kochen lassen. Die Spaghetti bißfest kochen, mit der Soße vermischen und mit gehackter Petersilie bestäuben. Mit den Krebsen garnieren und warm servieren.

Alternative: Krebse durch halbierte Langusten ersetzen. Innereien und Kopfbeutel entfernen. Langusten wie Krebse bereiten.

Décortiquez les grosses crevettes roses sans détacher la tête. Dans une poêle, faites rissoler l'ail et les grosses crevettes roses dans l'huile. Arrosez de vin blanc, ajoutez les tomates pelées, salez et mouillez avec une louche d'eau chaude. Faites cuire, à feu moyen, environ 5 minutes. À part, faites cuire «al dente» les spaghettis, mélangez-les avec la sauce des grosses crevettes roses, versez-les dans un plat de service, parsemez-les de persil et poivrez. Disposez les grosses crevettes roses sur le plat de service et servez chaud.

Variante : remplacez les grosses crevettes roses par deux langoustes coupées en deux, privées de leur boyau central et de leur poche ; préparez-les comme les grosses crevettes roses.

- 400 g Spaghetti
- 20 mittelgroße Krebse
- 200 g geschälte Tomaten
- 1 Schuß Weißwein
- 4 Knoblauchzehen
- 1 Handvoll gehackte Petersilie
- 2 dl Olivenöl
- Salz und Pfeffer

- 400 g de spaghettis
- 20 grosses crevettes roses
- 200 g de tomates pelées
- un petit filet de vin blanc
- 4 gousses d'ail
- 1 petit bouquet de persil haché
- 2 dl d'huile d'olive
- sel, poivre

Anmerkungen - Notes

Nudeln nach Trapaneser Art
Pâtes à la trapanaise

Die Tomaten circa 2 Minuten in kochendem Wasser abschrecken, damit sich die Haut leichter löst. Tomaten halbieren, entkernen und grob würfeln, folglich mit Knoblauch, Basilikum, Salz, Pfeffer und mit Olivenöl vermischen. Die Soße einige Stunden lang ruhen lassen. Die Nudeln in reichlich Salzwasser bißfest kochen, abgießen und mit der Soße vermischen und servieren.

Ébouillantez les tomates à l'eau chaude environ 2 minutes.
Enlevez avec un petit couteau la peau des tomates, coupez-les en deux et épépinez-les. Hachez grossièrement la pulpe des tomates, l'ail et le basilic. Salez, poivrez et mélangez avec l'huile d'olive. Laissez mariner quelques heures. Faites cuire les pâtes dans une grande quantité d'eau salée, égouttez-les lorsqu'elles sont encore «al dente», assaisonnez-les avec la sauce et servez.

- ❏ 400 g Bavette (schmale Bandnudeln)
- ❏ 4 große reife Tomaten
- ❏ 4 Knoblauchzehen
- ❏ 3 Löffel Olivenöl
- ❏ 1 Bund frischer Basilikum
- ❏ Salz und Pfeffer

- ❏ 400 g de pâtes, type «bavette»
- ❏ 4 grosses tomates bien mûres
- ❏ 4 gousses d'ail
- ❏ 3 cuillerées à soupe d'huile d'olive
- ❏ 1 petit bouquet de basilic frais
- ❏ sel, poivre

Anmerkungen - Notes

Nudeln mit Blumenkohl
Pâtes au chou-fleur

Die geputzten und geschnittenen Blumenkohlröschen in kochendem Wasser weich kochen. Mit einer Schaumkelle aus dem Kochwasser heben. Abgießen und Kochwasser beiseite stellen. In einem extra Topf die gehackte Zwiebel und die Anchovis in heißem Öl andünsten lassen. Rosinen, Pinienkernen, Tomatenmark und den zuvor gekochten Blumenkohl hinzufügen. Mit einigen Löffeln Kochwasser verflüssigen und den Blumenkohl dabei mit einem Holzlöffel zu einer weichen Püree stampfen. Mit Salz und Pfeffer abschmecken. Im Blumenkohl Kochwasser die Nudeln ca. 8 Minuten lang garen. Abtropfen und mit der zubereiteten Soße anrichten. Ziehen lassen und lauwarm servieren.
Alternative: Tomaten durch Safranpulver ersetzen.

Dans une cocotte, faites cuire à l'eau bouillante les bouquets de chou-fleur déjà lavés et coupés. Égouttez-les avec une écumoire et conservez l'eau de cuisson. Dans une sauteuse, faites revenir dans l'huile l'oignon et les anchois, ajoutez les raisins secs, les pignons, le concentré de tomates et le chou-fleur cuit. Versez quelques cuillerées d'eau de cuisson et faites cuire le chou-fleur en l'écrasant avec une cuillère en bois afin d'obtenir une crème épaisse. Salez et poivrez. Faites cuire les pâtes dans l'eau de cuisson du chou-fleur environ 8 minutes. Égouttez-les, mélangez-les avec la préparation précédente. Faites reposer et servez tiède.
Variante : éliminez le concentré de tomates et remplacez-le par du safran en poudre.

- 400 g Röhrennudeln
- 1 Blumenkohl in Röschen
- 4 Anchovifilets
- 50 g Tomatenmark
- 100 g Rosinen und Pinienkerne
- 1 gehackte Zwiebel
- Blumenkohl Kochwasser
- 2 dl Olivenöl
- Salz und Pfeffer

- 400 g de pâtes, type «bucato»
- 1 chou-fleur émincé en bouquets
- 4 filets d'anchois
- 50 g de concentré de tomates
- 100 g de raisins secs et de pignons
- 1 oignon haché
- l'eau de cuisson du chou-fleur
- 2 dl d'huile d'olive
- sel, poivre

Anmerkungen - Notes

Nudeln mit Tintenfischschwärze
Pâtes à l'encre de seiche

Die Tintenfische putzen, dabei den Tintenbeutel entfernen und beiseite legen. Die Beutel zerdrücken und die schwarze Soße mit etwas Wasser verdünnen. Die geputzten Tintenfische in Scheiben schneiden und in einer Pfanne mit Knoblauch und Öl andünsten. Wenn goldbraun mit etwa Wein abschrecken, Tomatenmark und Tintenschwärze hinzufügen. Mit Wasser verdünnen, salzen und pfeffern und ca. 15 Minuten bei milder Hitze garen. Die Nudeln in reichlichem Salzwasser bißfest kochen. Die Nudeln mit der Soße vermischen und kurz in der Pfanne schwenken. Warm servieren.
Alternative: die Nudeln mit fein geriebener gesalzener Ricotta bestäuben.

Nettoyez les seiches et réservez les poches d'encre dans une terrine. Pressez-les et diluez l'encre avec un peu d'eau. Coupez les seiches en lanières et faites-les rissoler dans une cocotte avec l'ail et l'huile. Quand elles sont bien rissolées, arrosez-les de vin, ajoutez le concentré de tomates et l'encre des poches. Mouillez avec de l'eau, salez, poivrez et faites cuire, à feu moyen, environ 15 minutes. Faites cuire les pâtes dans une grande quantité d'eau salée. Lorsqu'elles sont «al dente», égouttez-les et mélangez-les avec la sauce quelques minutes sur le feu. Servez chaud.
Variante : saupoudrez les pâtes avec la ricotta salée et finement râpée.

- ❏ *400 g Linguine (Bandnudeln)*
- ❏ *2 Tintenfische à 300 g*
- ❏ *4 gehackte Knoblauchzehen*
- ❏ *1 Schuß Weißwein*
- ❏ *200 g Tomatenmark*
- ❏ *Wasser*
- ❏ *2 dl Olivenöl*
- ❏ *Salz und Pfeffer*
- ❏ *Gesalzener Ricotta (nach Belieben)*

- ❏ *400 g de pâtes, type «linguine»*
- ❏ *2 seiches de 300 g chacune*
- ❏ *4 gousses d'ail hachées*
- ❏ *un petit filet de vin blanc*
- ❏ *200 g de concentré de tomates*
- ❏ *eau*
- ❏ *2 dl d'huile d'olive*
- ❏ *sel, poivre*
- ❏ *ricotta salée (facultatif)*

Anmerkungen - Notes

Gebratene Schweinshachse
Jarrets de porc au four

Die Hachsen mit einem Messer leicht einritzen und die Einschnitte mit den Gewürzen füllen.
Das Fleisch in eine geölte Schüssel legen und ca. 20 Minuten im Backrohr braten. Mit Wein und Fleischextrakt abschrecken und weitere 10 Minuten garen. Warm servieren.

Faites des entailles dans les jarrets avec un petit couteau et glissez-y les aromates.
Placez la viande dans un plat à four huilé et glissez-le au four environ 20 minutes. Arrosez de vin, ajoutez l'extrait de viande dilué et prolongez la cuisson encore 10 minutes. Servez chaud.

- ❏ 4 Schweinshachsen
- ❏ 3 dl verdünnter Fleisch-extrakt
- ❏ 1 dl Olivenöl
- ❏ 1 Schuß Weißwein
- ❏ eine Prise Salz
- ❏ eine Prise Pfeffer
- ❏ Zweig Rosmarin

- ❏ 4 jarrets de porc
- ❏ 3 dl d'extrait de viande dilué
- ❏ 1 dl d'huile d'olive
- ❏ 1 petit filet de vin blanc
- ❏ 1 pincée de sel
- ❏ 1 pincée de poivre
- ❏ 1 branche de romarin

Anmerkungen - Notes

Kuddeln auf die Olivetana Art
Tripes à la "Olivetana"

In einer Form die gehackte Zwiebel in Öl andünsten; die in Streifen geschnittenen Kuddeln dazu geben und ca. 10 Minuten bei milder Hitze kochen. Die Dosentomaten hinzufügen und mit Wasser verdünnen. Zusätzliche 5 Minuten kochen lassen.
Wenn die Kuddeln trockner werden, mit Käse, Salz und Pfeffer abschmecken.
Noch einige Minuten garen und mit gerösteten Semmelbröseln bestäuben.
Warm servieren.
Alternative: Caciocavallo und Semmelbrösel mit Parmesankäse ersetzen und mit Basilikumblättern garnieren.

Dans une cocotte, faites rissoler à l'huile l'oignon émincé, ajoutez les tripes coupées en petites lanières et faites cuire, à feu doux, environ 10 minutes. Ajoutez les tomates pelées et diluez avec un peu d'eau.
Prolongez la cuisson 5 minutes.
Dès que la préparation commence à réduire, assaisonnez-la de fromage, de sel et de poivre.
Mélangez-la quelques minutes et saupoudrez-la de chapelure grillée. Servez chaud.
Variante : remplacez le *caciocavallo* et la chapelure par du parmesan et parsemez de feuilles de basilic.

- ❏ 600 g Kuddeln
- ❏ 2 Zwiebel
- ❏ 2 dl Olivenöl
- ❏ 300 g geschälte Tomaten
- ❏ 150 geriebener Caciocavallo
- ❏ 100 g Semmelbrösel
- ❏ 1 Prise Salz
- ❏ 1 Prise Pfeffer
- ❏ Wasser

- ❏ 600 g de tripes
- ❏ 2 oignons
- ❏ 2 dl d'huile d'olive
- ❏ 300 g de tomates pelées
- ❏ 150 g de caciocavallo râpé
- ❏ 100 g de chapelure
- ❏ 1 pincée de sel
- ❏ 1 pincée de poivre
- ❏ eau

Anmerkungen - Notes

Schwertfisch nach der Art von Messina
Espadon à la messinaise

In einer Pfanne das Öl erhitzen und darin die bereits mit Mehl panierten Fischscheiben anbraten. Mit Wein abschrecken und Oliven, Kapern und Tomaten hinzugeben. Mit Wasser verdünnen.
Salzen und pfeffern und die Kartoffeln auf dem Fisch anrichten.
Zudecken und 15 Minuten bei milder Flamme garen. Den Fisch auf eine Servierplatte legen und mit der Soße anrichten. Mit frisch gehackter Petersilie garnieren und warm servieren.
Alternative: Dieses Rezept eignet sich auch für alle Fische in Scheiben (Zachenbarsch, Adlerfisch, Albakore, Makrele, Klippfisch, usw.).

- 4 Scheiben Schwertfisch à 200 g
- 1dl Weißwein
- 2 dl Olivenöl
- 200 g geschälte Tomaten
- 100 g grüne Oliven ohne Stein
- 50 g entsalzte Kapern
- 3 Kartoffeln (in feinen Scheiben)
- 1 Prise Salz
- 1 Prise Pfeffer
- Weizenmehl
- 1 Handvoll gehackte Petersilie
- Wasser

Dans une poêle, faites rissoler, dans l'huile, les tranches de poisson farinées, de chaque côté. Arrosez-les de vin et ajoutez les olives, les câpres dessalés, les tomates pelées et diluez la sauce avec un peu d'eau.
Salez, poivrez et disposez les pommes de terre sur le poisson. Couvrez et faites cuire, à feu moyen, environ 15 minutes. Disposez les tranches de poisson sur le plat de service et arrosez avec la sauce. Parsemez le plat de persil haché et servez bien chaud.
Variantes : on peut utiliser la même recette pour toutes sortes de poissons en tranches : mérou, sériole, germon, cabillaud, morue, etc.

- 4 tranches d'espadon de 200 g chacune
- 1 dl de vin blanc sec
- 2 dl d'huile d'olive
- 200 g de tomates pelées
- 100 g d'olives vertes dénoyautées
- 50 g de câpres dessalés
- 3 pommes de terre découpées en fines rondelles
- 1 pincée de sel, 1 pincée de poivre
- farine blanche
- 1 bouquet de persil haché
- eau

Anmerkungen - Notes

Brochettes mit Krebsen nach der Art von Messina
Brochettes de crevettes à la messinaise

Die Krebse auf Holz- oder Metallstäbchen aufspießen. In einer Schüssel die Semmelbrösel mit dem Käse, dem Salz, dem Pfeffer und die Petersilie gut vermengen. In einen Teller Öl, Zitronensaft und gehackte Knoblauchzehe legen. Die Brochettes in die Zitronensoße tauchen, abtropfen und in der Semmelbrösel-Mischung wenden. Den Rost ölen und erhitzen, bis er heiß ist. Die Brochettes darauf legen und wenige Minuten auf beiden Seiten grillen. Sehr warm servieren.

Enfilez les crevettes sur des brochettes en bois ou en métal. À part, mélangez dans une terrine, la chapelure, le fromage râpé, le sel, le poivre et le persil. Dans une assiette creuse mettez l'huile, le jus de citron et l'ail haché. Trempez les brochettes dans l'huile, faites-les égoutter et roulez-les dans la chapelure. Huilez le grille-viande et dès qu'il sera brûlant mettez-y les brochettes. Faites cuire quelques minutes de chaque côté. Servez très chaud.

- ❏ 600 g geschälte Krebse
- ❏ 1 Knoblauchzehe (nach Belieben)
- ❏ 80 g Semmelbrösel
- ❏ 30 g geriebener Caciocavallo
- ❏ Saft aus einer Zitrone
- ❏ 1 dl Olivenöl
- ❏ 1 Prise Salz
- ❏ 1 Prise Pfeffer
- ❏ 1 Handvoll gehackte Petersilie

- ❏ 600 g de crevettes décortiquées
- ❏ 1 gousse d'ail (facultatif)
- ❏ 80 g de chapelure
- ❏ 30 g de caciocavallo râpé
- ❏ le jus d'un citron
- ❏ 1 dl d'huile d'olive
- ❏ 1 pincée de sel
- ❏ 1 pincée de poivre
- ❏ 1 bouquet de persil haché

Anmerkungen - Notes

Thunfisch mit Tomatensoße und Semmelbrösel
Thon à "sfincione"

In einer Pfanne etwas Öl erhitzen und darin die Scheiben auf beiden Seiten braten. Wenn goldbraun, den Fisch in einer Form anrichten. In einem extra Topf die gehackten Zwiebeln in heißem Öl andünsten; die Anchovis darin weichschmoren lassen. Das mit Wasser verdünnte Tomatenmark dazugießen. Mit Salz und Pfeffer abschmecken und 10 Minuten garen lassen, bis die Soße ziemlich dickflüssig wird. Die Soße über den Fisch geben, mit Semmelbröseln bestäuben und 5 Minuten lang bei ca. 180°C backen.

Dans une poêle, faites frire avec un peu d'huile les tranches de thon de chaque côté. Disposez-les dans un plat à four. Dans une sauteuse, faites revenir les oignons hachés avec le reste de l'huile, ajoutez les anchois et écrasez-les jusqu'à ce qu'ils soient complètement fondus. Ajoutez le concentré de tomates dilué avec de l'eau. Salez, poivrez et faites cuire 10 minutes jusqu'à obtenir une sauce plutôt épaisse.
Versez la sauce sur les tranches de thon, saupoudrez de chapelure et glissez au four à 180 °C, environ 5 minutes.

- ❏ 4 Scheiben Thunfisch à 200 g
- ❏ 3 Zwiebeln
- ❏ 100 g Anchovifilets
- ❏ 200 g Tomatenmark
- ❏ 3 dl Olivenöl
- ❏ 100 g Semmelbrösel
- ❏ 1 Prise Salz
- ❏ 1 Prise Pfeffer
- ❏ Wasser

- ❏ 4 tranches de thon de 200 g chacune
- ❏ 3 oignons
- ❏ 100 g d'anchois
- ❏ 200 g de concentré de tomates
- ❏ 3 dl d'huile d'olive
- ❏ 100 g de chapelure
- ❏ 1 pincée de sel
- ❏ 1 pincée de poivre
- ❏ eau

Anmerkungen - Notes

Gefüllte Sardinen
Sardines à "beccafico"

Die Sardinen wie ein Buch öffnen und ausnehmen. In einer Tasse Rosinen und Pinienkerne 5 Minuten lang in einer Soße aus Essig und Zucker ruhen lassen. Das zerbröckelte Brot hinzufügen. Mit Salz, Anchovifilets, Orangen- und Zitronensaft und einen Schuß Öl anrichten und zu einer gleichmäßigen Farce verkneten. Die Sardinen auf die Arbeitsfläche legen. Jeden Fisch mit Farce bestreichen und so einrollen, daß der Schwanz außen bleibt. In einer Form abwechselnd mit den Lorbeerblättern anrichten, wobei die Schwänze nach oben schauen sollten. Mit einem Schuß Öl befeuchten und 5 Minuten im Ofen bei 180°C backen. Warm oder lauwarm servieren.

Nettoyez les sardines, dédoublez-les comme un livre. Dans une jatte, faites mariner 5 minutes les raisins secs et les pignons avec le vinaigre et le sucre. Ajoutez le pain de mie émietté, le sel, les anchois, le jus d'orange, le jus de citron et un peu d'huile. Amalgamez bien la préparation afin qu'elle devienne compacte et souple. Alignez les sardines sur le plan de travail. Répartissez la préparation au centre de chaque sardine. Roulez-les soigneusement de façon à ce que les queues des sardines soient à l'extérieur. Rangez-les ensuite dans un plat en Pyrex, les unes à côté des autres avec les queues vers le haut, alternées avec les feuilles de laurier. Arrosez-les d'un filet d'huile et glissez-les 5 minutes au four, à 180 °C. Servez tiède ou froid.

- ❏ 40 frische Sardinen
- ❏ 1 Packung Kastenbrot
- ❏ 50 g Rosinen und Pinienkerne
- ❏ 30 g Anchovifilets
- ❏ 1 dl Essig
- ❏ 50 g Zucker
- ❏ 1 Prise Salz
- ❏ 1 dl Orangensaft
- ❏ 1 dl Zitronensaft
- ❏ 2 dl Olivenöl
- ❏ 50 Lorbeerblätter

- ❏ 40 sardines fraîches
- ❏ 1 paquet de pain de mie
- ❏ 50 g de raisins secs et de pignons
- ❏ 30 g d'anchois
- ❏ 1 dl de vinaigre
- ❏ 50 g de sucre
- ❏ 1 pincée de sel
- ❏ 1 dl de jus d'orange
- ❏ 1 dl de jus de citron
- ❏ 2 dl d'huile d'olive
- ❏ 50 feuilles de laurier

Anmerkungen - Notes

Cannoli

Ein Häufchen Mehl auf eine Arbeitsfläche streuen und darin eine kleine Mulde bilden. Schmalz, Zucker, Weißwein, Eier in die Mulde legen und das Ganze sorgfältig zu einem festen Teig durchkneten. Vor dem Ausrollen, die Masse etwa 1 Stunde lang ruhen lassen. Mit den Werkelholz einen sehr dünnen Teig ausrollen aus dem Scheiben von etwa 10 cm Durchmesser ausgestochen werden können. Die Scheiben um die speziellen etwa 12 cm. langen mit Öl bestrichenen Zylinder wickeln (aus Schilfrohr oder aus Metall). Die so entstandenen Röhrchen in einem relativ großen Topf in heißen Öl ausbacken bis sie goldbraun sind. Die Teighüllen sofort aus den Zilyndern lösen und erkalten lassen. Die Röhrchen mit der Ricottacreme füllen und mit Puderzucker bestäuben und mit kandierten Orangen oder Kirschen dekorieren. *Alternative*: Um zu vermeiden, daß Teigröhrchen durch die Ricotta durchweichen, können diese zuvor Innen mit geschmolzener Schokolade bestrichen werden.

- 800 g Mehl
- 150 g Schweineschmalz
- Öl
- 4 Eier
- 1 dl Muskat- oder Weißwein
- 75 g Zucker
- 1 Prise Salz
- 1 Prise Vanille
- Ricotta Creme (300 g Ricotta, 150 g Zucker, 1 Prise Vanille, 1 Löffel Schokoladenraspel)
- kandierte Orangen oder Kirschen

Disposez la farine sur un plan de travail et creusez, au centre, une fontaine ; mettez le saindoux, le sucre, le vin blanc ou muscat et les œufs. Pétrissez bien le tout afin d'obtenir une pâte assez consistante. Faites reposer la pâte environ 1 heure. Étalez-la avec le rouleau à pâtisserie en une abaisse fine dans laquelle vous couperez des disques de 10 cm de diamètre. Enroulez ces disques de pâte sur des cylindres de bambou ou en ferblanc de 12 cm de long, graissés avec l'huile. Chauffez une bonne quantité d'huile dans une friteuse et plongez-y les cylindres garnis de pâte que vous retirerez dès qu'ils seront dorés. Faites refroidir. Enlevez la pâte des cylindres, farcissez-les croûtes avec la crème de ricotta (voir recette), saupoudrez de sucre glace et décorez d'écorces d'oranges ou cerises confites.
Variantes : si vous voulez éviter que la crème ramollisse trop les croûtes, vous pouvez les fourrer de chocolat fondu.

- 800 g de farine
- 150 g de saindoux
- huile
- 4 œufs
- 1 dl de muscat ou de vin blanc
- 75 g de sucre
- 1 pincée de sel, 1 pincée de vanille
- crème de ricotta (300 g de ricotta de brebis, 150 g de sucre, 1 pincée de vanille, 1 cuillerée à soupe de copeaux de chocolat fondant)
- oranges ou cerises confites

Hl. Josef Küchlein (Sphinxe)
Beignets de Saint-Joseph

In einem Topf Wasser, Salz und Butter zum Kochen bringen.
Mehl langsam untermengen und mit einem Kochlöffel 10 Minuten lang zu einem weichen und gleichmäßigen Menge verrühren. Vom Herd nehmen.
Den Teig auf eine Arbeitsfläche stürzen und, wenn kalt, mit den Eigelb verarbeiten.
Die Eiweiße getrennt zu Schnee schlagen und langsam dem Teig unterheben.
Der Teig muß weich und kremig sein. In einer Pfanne mit hohem Rand das Schmalz lösen und darin den Teig löffelweise ausbacken. Abkühlen lassen und mit einem Messer einscheiden. Die Ricottacreme zubereiten und die Küchlein damit bestreichen. Mit den kandierten Orangen und den roten Kirschen dekorieren.

- 350 g Mehl
- 5 Eier
- 100 g Butter
- 4 dl Wasser
- 1 Prise Salz
- kandierte Orangen und rote Kirschen
- Ricottacreme (300 g Ricotta, 150 g Zucker, 1 Prise Vanille, 1 Löffel Schokoladenraspel)
- Schmalz

Dans une casserole, faites bouillir l'eau avec le beurre et le sel.
Incorporez la farine et mélangez à l'aide d'une cuillère en bois environ 10 minutes, jusqu'à ce que vous obteniez un mélange compact et souple. Retirez du feu, enlevez la pâte et étalez-la pour la faire refroidir.
Incorporez les jaunes et pétrissez le mélange comme une pâte.
Montez les blancs en neige et ajoutez-les à la préparation, peu à peu.
Le mélange devra être souple et crémeux. Dans une friteuse, faites frire dans le saindoux le mélange versé par cuillerées, de façon à obtenir des beignets. Faites-les refroidir et pratiquez une incision avec un petit couteau. Préparez la crème de ricotta. Étalez-la sur les beignets. Décorez d'écorces d'orages et de petites cerises rouges.

- 350 g de farine
- 5 œufs
- 100 g de beurre
- 4 dl d'eau
- 1 pincée de sel
- écorces d'oranges et petites cerises rouges confites
- crème de ricotta (300 g de ricotta de brebis, 150 g de sucre, 1 pincée de vanille, 1 cuillerée à soupe de copeaux de chocolat fondant)
- saindoux

Sizilianische Cassata
Cassata à la sicilienne

Biskuit, Ricottacreme und Marzipan nach den entsprechenden Rezepten zubereiten. Für die Glasur: Puderzucker in einem Suppenlöffel Wasser bei leiser Flamme auflösen, bis der Glasur Faden zieht, dabei achten, daß die Glasur schneeweiß bleibt. Eine Form mit Puderzucker bestäuben und die Ränder abwechselnd mit Marzipanstreifen und Biskuit belegen. Auch den Fond mit Biskuit bedecken. Die Creme in die vorbereitete Form füllen und mit einem Spatel gut verstreichen. Einige Stückchen Biskuit mit der Creme vermischen. Die Cassata eine Stunde lang durchziehen lassen und dann auf eine Servierplatte stürzen. Die Cassata mit der noch warmen Glasur glasieren und das Ganze erkalten lassen. Mit kandierten Früchten dekorieren wobei eine als erstes eine Mandarine in die Mitte des Kuchens platziert werden sollte. Die Ränder mit kandiertem Kürbis oder kandierten Zederscheiben garnieren. Mit anderen Früchten in abwechselnden Farben dekorieren.

- Biskuit
- Ricottacreme (Cannoli)
- Marzipan (100 g Mandelmehl, 200 g Zucker, 3 Tropfen Mandelaroma, 1 Prise Vanille, 1 Teelöffel Honig, 1 Prise grüner Lebensmittelfarbstoff)
- 150 g Puderzucker,
- Wasser
- kandierte Früchte: Kürbis, Mandarine, Birnen, Orangen, Pflaumen, Kirschen

Préparez la génoise, la crème de ricotta et le massepain (voir recettes). Pour préparer la glace du gâteau faites fondre le sucre glace avec une petite louche d'eau, à feu doux, jusqu'à ce que le sucre commence à filer. Faites bien attention à ce que le mélange reste blanc.
Saupoudrez de sucre glace le fond d'un moule à tarte aux bords légèrement évasés, et tapissez les bords en alternant les tranches de massepain et de génoise. Couvrez le fond de tranches de génoise, garnissez le moule de crème de ricotta et tassez-la bien avec une spatule. Ajoutez à la préparation des petits morceaux de génoise. Faites reposer le dessert environ 1 heure, puis retournez-le sur un plat. Versez la glace encore chaude sur la cassata en l'étalant avec la spatule et faites refroidir. Décorez de fruits confits mixtes, et mettez au centre la mandarine. Disposez sur les bords du moule des morceaux de *zuccata* (potiron confit) ou de cédrat confit. Utilisez les autres fruits pour décorer, en alternant les couleurs.

- génoise
- crème de ricotta (Cannoli)
- massepain (100 g de farine d'amandes, 200 g de sucre, 3 gouttes d'arôme d'amande, 1 pincée de vanille, 1 cuillerée à café de miel, un peu de colorant alimentaire)
- 150 g de sucre glace, eau
- fruits confits : zuccata, mandarines, poires, oranges, prunes et cerises

Mandelmasse
Pâte d'amandes

In einem Topf 500 ml Wasser zum Kochen bringen. Wenn das Wasser kocht, den Topf vom Herd nehmen, die Mandeln darin einweichen und etwa 10 Minuten durchziehen lassen.
Abtropfen, schälen, trocknen und gemeinsam mit dem Zucker vermahlen. Unter ständigem Rühren die Mandeln mit den Eiern vermischen, mit der Essenz würzen und zu einer glatten und geschmeidigen Masse verkneten.
Wenn die Masse nicht sofort weiterverarbeitet wird, muß sie im Kühlschrank aufbewahrt werden.
Alternativen: Mit der Mandelmasse können Kekse zubereitet werden, die mit Pinienkernen, kandierten Schälen oder Kirschen garniert werden können. Oder man kann daraus kleine Küchlein herstellen, die mit Fruchtkonserven gefüllt werden (Zeder oder Orange, usw.) und etwa 15 Minuten im Backrohr gebacken werden.

- ❏ 500 g Mandeln
- ❏ 500 g Puderzucker
- ❏ 50 g Butter
- ❏ 2 Eier oder 4 Eigelb
- ❏ 5 Tropfen Mandelaroma

Dans une casserole, faites bouillir un demi-litre d'eau, éteignez le feu et ajoutez les amandes, laissez reposer 10 minutes. Égouttez-les, épluchez-les, essuyez-les et concassez-les avec le sucre. Ajoutez les œufs et l'essence d'amandes et travaillez jusqu'à ce que vous obteniez un mélange homogène.
Si vous ne l'utilisez pas immédiatement, il vaut mieux conserver la pâte au réfrigérateur.
Variantes : avec la pâte d'amandes vous pouvez préparer différentes sortes de biscuits que vous pouvez décorer de pignons, de zestes ou de petites cerises confites, ou de petits gâteaux semblables aux boulettes, farcis de conserves de fruits (cédrat, orange, etc.) et glissez au four environ 15 minutes.

- ❏ 500 g d'amandes
- ❏ 500 g de sucre glace
- ❏ 50 g de beurre
- ❏ 2 œufs entiers ou bien 4 jaunes
- ❏ 5 gouttes d'essence d'amandes

Anmerkungen - Notes

BESONDERE DATUM - DATES À NE PAS OUBLIER

JANUAR / JANVIER

FEBRUAR / FÉVRIER

MÄRZ / MARS

APRIL / AVRIL

MAI / MAI

JUNI / JUIN

JULI / JUILLET

AUGUST / AOÛT

SEPTEMBER / SEPTEMBRE

OKTOBER / OCTOBRE

NOVEMBER / NOVEMBRE

DEZEMBER / DÉCEMBRE

A

B

CD

EF

GHI

JKL

M

NO

PQ

R

S

T

UVW

XYZ